Impressum
Verlag: BABADADA GmbH, Nedderfeld 112 , 22529 Hamburg
Geschäftsführer / Verlagsleitung: Harald Hof
Druck: Books on Demand GmbH, In de Tarpen 42, 22848 Norderstedt

Imprint
Publisher: BABADADA GmbH, Nedderfeld 112 , 22529 Hamburg, Germany
Managing Director / Publishing direction: Harald Hof
Print: Books on Demand GmbH, In de Tarpen 42, 22848 Norderstedt

בית ספר
die Schule

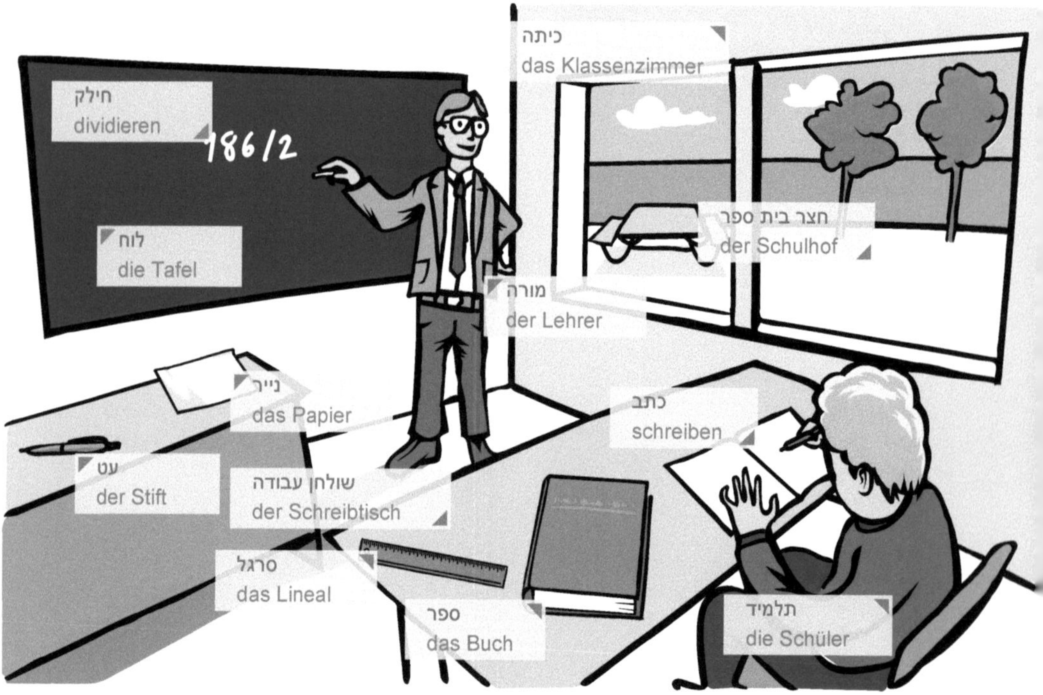

כיתה
das Klassenzimmer
חילק
dividieren
186/2
לוח
die Tafel
חצר בית ספר
der Schulhof
מורה
der Lehrer
נייר
das Papier
כתב
schreiben
עט
der Stift
שולחן עבודה
der Schreibtisch
סרגל
das Lineal
ספר
das Buch
תלמיד
die Schüler

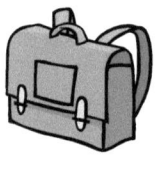

ילקוט
....
der Ranzen

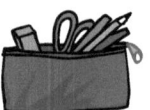

קלמר
....
die Federmappe

עיפרון
....
der Bleistift

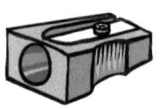

מחדד
....
der Bleistiftanspitzer

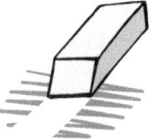

גומי מחיקה
....
das Radiergummi

חוברת סרטוט
....
der Zeichenblock

סרטוט

die Zeichnung

מברשת

der Pinsel

קופסת צבעים

der Malkasten

מספריים

die Schere

דבק

der Klebstoff

ספר תרגול

das Übungsheft

שיעור בית

die Hausaufgabe

12

מספר

die Zahl

2+2

חיבר

addieren

5-2

חיסר

subtrahieren

2×2

הכפיל

multiplizieren

חישב

rechnen

A

אות

der Buchstabe

ABCDEFG HIJKLMN OPQRSTU VWXYZ

אלפבית

das Alphabet

hello

מילה

das Wort

טקסט

der Text

קרא

lesen

גיר

die Kreide

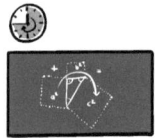

שיעור

die Stunde

יומן נוכחות

das Klassenbuch

מבחן

die Prüfung

תעודה

das Zeugnis

תלבושת בית ספר

die Schuluniform

חינוך

die Ausbildung

אנציקלופדיה

das Lexikon

אוניברסיטה

die Universität

מיקרוסקופ

das Mikroskop

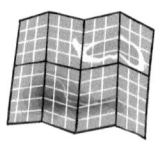

מפה

die Karte

סל נייר

der Papierkorb

נסיעה

die Reise

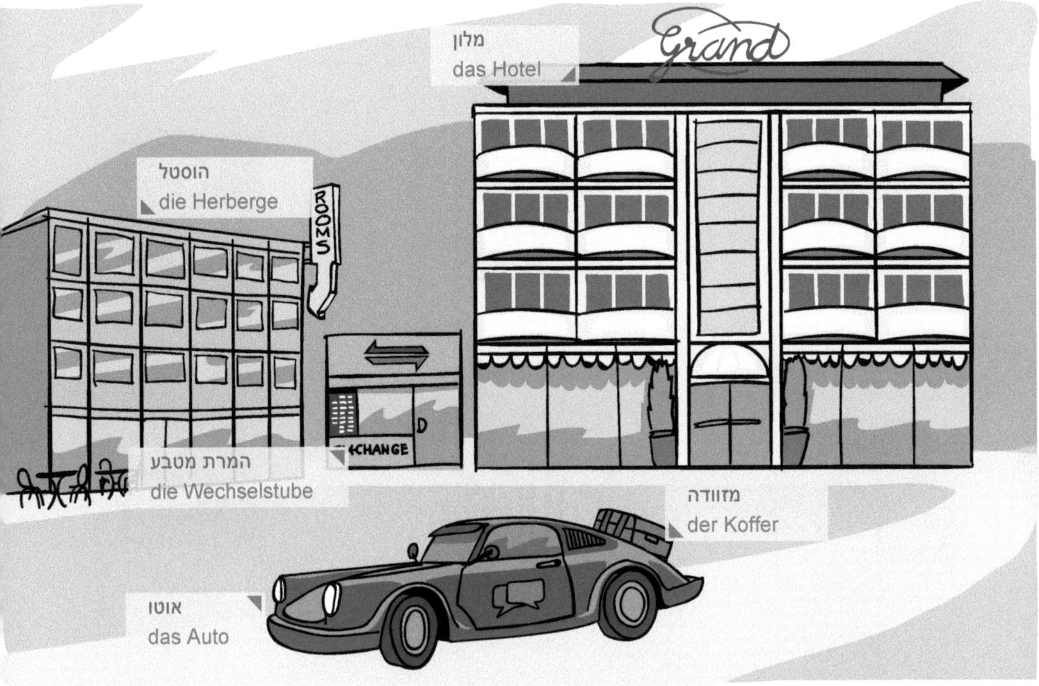

Grand
מלון
das Hotel
הוסטל
die Herberge
ROOMS
EXCHANGE
המרת מטבע
die Wechselstube
מזוודה
der Koffer
אוטו
das Auto

שפה

die Sprache

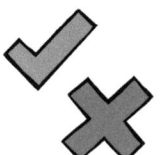

כן / לא

ja / nein

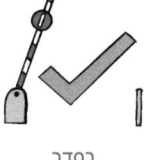

בסדר

Okay

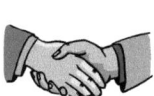

שלום

Hallo

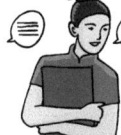

מתרגם

der Übersetzer

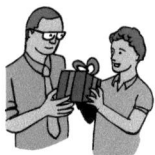

תודה

Danke

כמה עולה.....?

Was kostet…?

אני לא מבין

Ich verstehe nicht

בעיה

das Problem

ערב טוב!

Guten Abend!

בוקר טוב!

Guten Morgen!

לילה טוב!

Gute Nacht!

להתראות

Auf Wiedersehen

כיוון

die Richtung

כבודה

das Gepäck

תיק

die Tasche

תרמיל גב

der Rucksack

אורח

der Gast

חדר

das Zimmer

שק שינה

der Schlafsack

אוהל

das Zelt

מרכז מידע לתיירים

die Touristeninformation

חוף ים

der Strand

כרטיס אשראי

die Kreditkarte

ארוחת בוקר

das Frühstück

ארוחת צהריים

das Mittagessen

ארוחת ערב

das Abendessen

כרטיס

die Fahrkarte

מעלית

der Fahrstuhl

בול

die Briefmarke

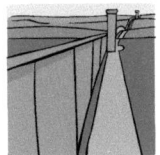

גבול

die Grenze

מכס

der Zoll

שגרירות

die Botschaft

אשרה

das Visum

דרכון

der Pass

תחבורה
der Transport

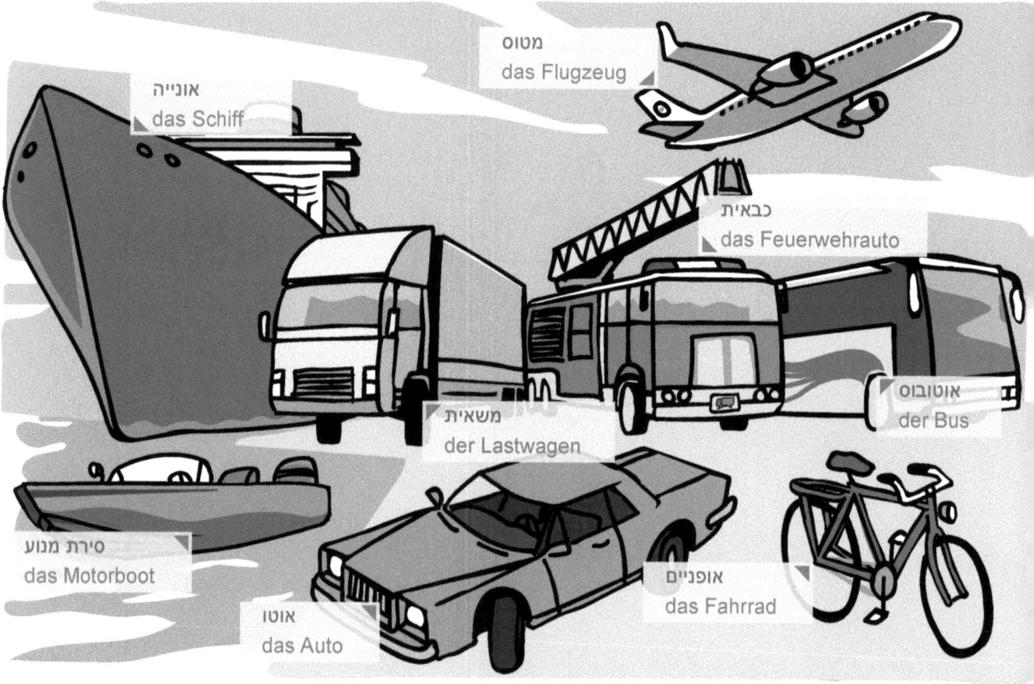

מטוס
das Flugzeug
אונייה
das Schiff
כבאית
das Feuerwehrauto
אוטובוס
der Bus
משאית
der Lastwagen
סירת מנוע
das Motorboot
אופניים
das Fahrrad
אוטו
das Auto

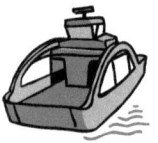

מעבורת
die Fähre

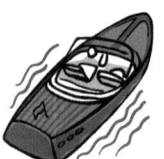

סירה
das Boot

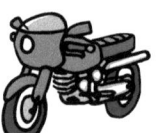

אופנוע
das Motorrad

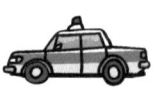

ניידת משטרה
das Polizeiauto

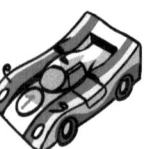

מכונית מרוץ
das Rennauto

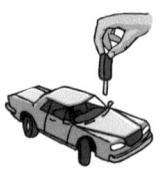

רכב שכור
der Mietwagen

מכוניות בשיתוף

das Carsharing

אוטו גרר

der Abschleppwagen

משאית זבל

das Müllauto

מנוע

der Motor

דלק

der Kraftstoff

תחנת דלק

die Tankstelle

תמרור

das Verkehrsschild

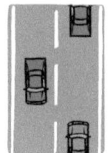

תנועה

der Verkehr

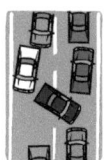

פקק תנועה

der Stau

חניה

der Parkplatz

תחנת רכבת

der Bahnhof

פסי רכבת

die Schienen

רכבת

der Zug

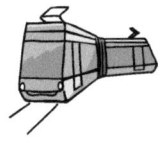

רכבת קלה

die Straßenbahn

קרון

der Wagon

מסוק

der Helikopter

שדה-תעופה

der Flughafen

מגדל

der Tower

נוסע

der Passagier

קונטיינר

der Container

קרטון

der Karton

עגלה

der Karren

סל

der Korb

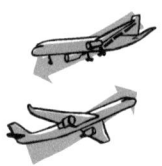

המראה / נחיתה

starten / landen

עיר
die Stadt

כפר

das Dorf

מרכז העיר

das Stadtzentrum

בית

das Haus

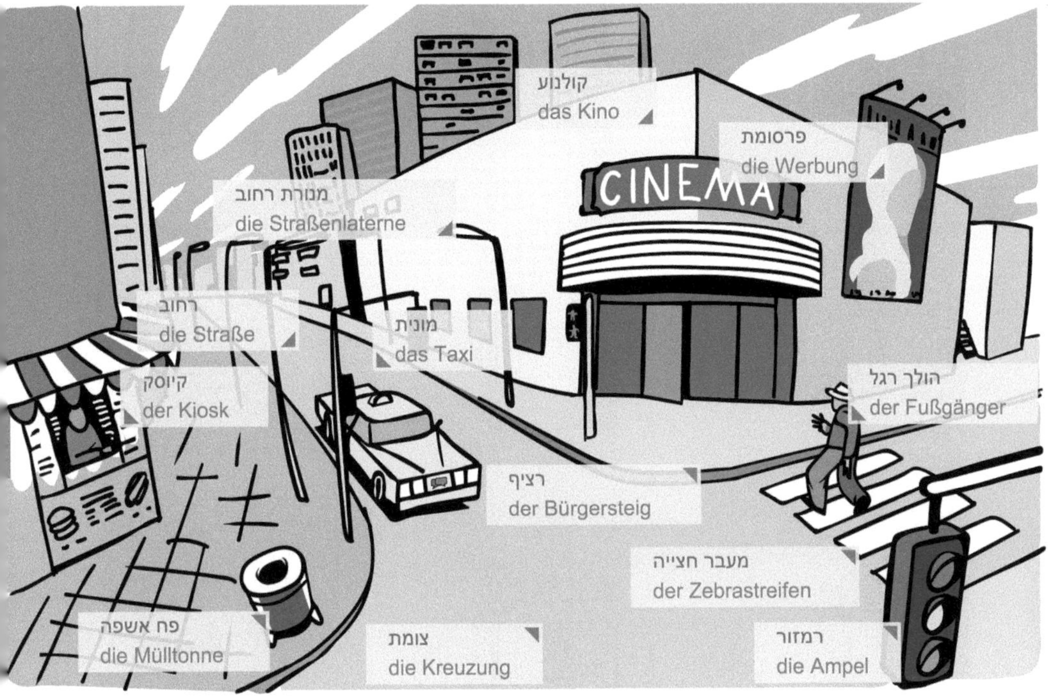
CINEMA
קולנוע
das Kino
פרסומת
die Werbung
מנורת רחוב
die Straßenlaterne
רחוב
die Straße
מונית
das Taxi
קיוסק
der Kiosk
הולך רגל
der Fußgänger
רציף
der Bürgersteig
מעבר חצייה
der Zebrastreifen
פח אשפה
die Mülltonne
צומת
die Kreuzung
רמזור
die Ampel

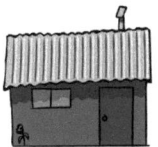

בקתה

die Hütte

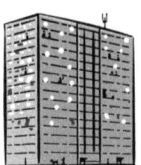

דירה

die Wohnung

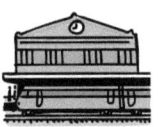

תחנת רכבת

der Bahnhof

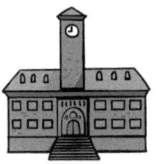

עירייה

das Rathaus

MUSEUM

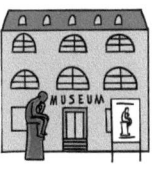

מוזיאון

das Museum

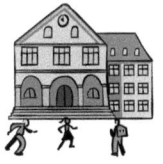

בית ספר

die Schule

אוניברסיטה

die Universität

בנק

die Bank

בית חולים

das Krankenhaus

מלון

das Hotel

בית מרקחת

die Apotheke

משרד

das Büro

חנות ספרים

die Buchhandlung

חנות

das Geschäft

חנות פרחים

der Blumenladen

סופרמרקט

der Supermarkt

שוק

der Markt

כל-בו

das Kaufhaus

מוכר דגים

der Fischhändler

קניון

das Einkaufszentrum

נמל

der Hafen

פארק

der Park

ספסל

die Bank

גשר

die Brücke

מדרגות

die Treppe

רכבת תחתית

die U-Bahn

מנהרה

der Tunnel

תחנת אוטובוס

die Bushaltestelle

בר

die Bar

מסעדה

das Restaurant

תא דואר

der Briefkasten

שלט רחוב

das Straßenschild

מדחן

die Parkuhr

גן חיות

der Zoo

בריכת שחיה

die Badeanstalt

מסגד

die Moschee

חווה

der Bauernhof

זיהום

die Umweltverschmutzung

בית עלמין

der Friedhof

כנסייה

die Kirche

מגרש משחקים

der Spielplatz

בית מקדש

der Tempel

נוף
die Landschaft

עלה
das Blatt

תמרור
der Wegweiser

דרך
der Weg

מרעה
die Wiese

אבן
der Stein

עץ
der Baum

מטייל
der Wanderer

נהר
der Fluss

דשא
das Gras

פרח
die Blume

בקעה

das Tal

הר

der Berg

אגם

der See

יער

der Wald

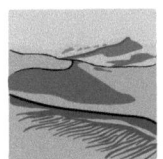

מדבר

die Wüste

הר געש

der Vulkan

טירה

das Schloss

קשת בענן

der Regenbogen

פטריה

der Pilz

דקל

die Palme

יתוש

der Moskito

זבוב

die Fliege

נמלה

die Ameise

דבורה

die Biene

עכביש

die Spinne

חיפושית

der Käfer

צפרדע

der Frosch

סנאי

das Eichhörnchen

קיפוד

der Igel

ארנב

der Hase

ינשוף

die Eule

ציפור

die Vogel

ברבור

der Schwan

חזיר בר

das Wildschwein

צבי

der Hirsch

אייל הקורא

der Elch

סכר

der Staudamm

טורבינת רוח

das Windrad

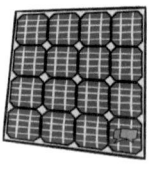

פנל סולארי

das Solarmodul

אקלים

das Klima

מסעדה
das Restaurant

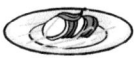

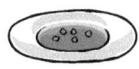

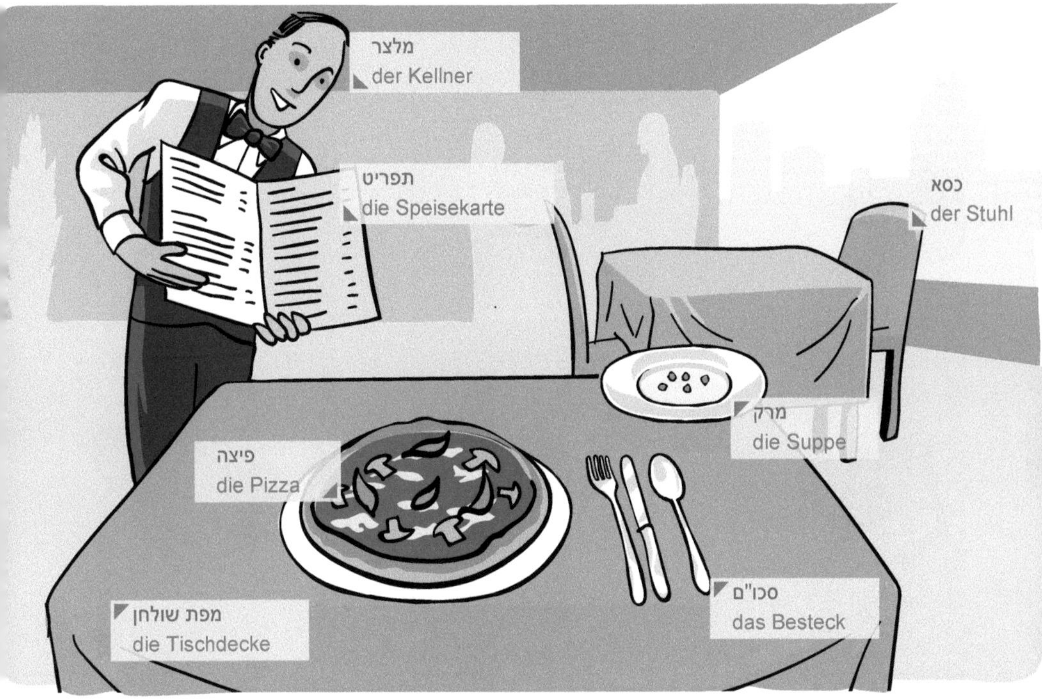
מלצר
der Kellner
תפריט
die Speisekarte
כסא
der Stuhl
מרק
die Suppe
פיצה
die Pizza
סכו"ם
das Besteck
מפת שולחן
die Tischdecke

מנת פתיחה

die Vorspeise

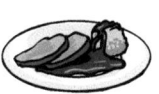

מנה עיקרית

das Hauptgericht

קינוח

die Nachspeise

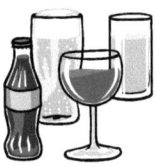

שתיות

die Getränke

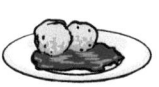

אוכל

das Essen

בקבוק

die Flasche

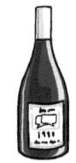

מזון מהיר

das Fastfood

אוכל רחוב

das Streetfood

קנקן תה

die Teekanne

מסכרת

die Zuckerdose

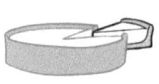

מנה

die Portion

מכונת אספרסו

die Espressomaschine

כסא תינוק

der Hochstuhl

חשבון

die Rechnung

מגש

das Tablett

סכין

das Messer

מזלג

die Gabel

כף

der Löffel

כפית

der Teelöffel

מפית

die Serviette

כוס

das Glas

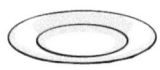

צלחת
der Teller

קערת מרק
der Suppenteller

תחתית
die Untertasse

רוטב
die Sauce

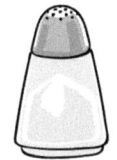

מלחייה
der Salzstreuer

מטחנת פלפל
die Pfeffermühle

חומץ
der Essig

שמן
das Öl

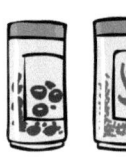

תבלינים
die Gewürze

קטשופ
das Ketchup

חרדל
der Senf

מיונז
die Mayonnaise

סופרמרקט
der Supermarkt

מבצע
das Angebot
FOR
לקוח
der Kunde
מוצרי חלב
die Milchprodukte
פירות
das Obst
עגלת קניות
der Einkaufswagen

BUTCHERS

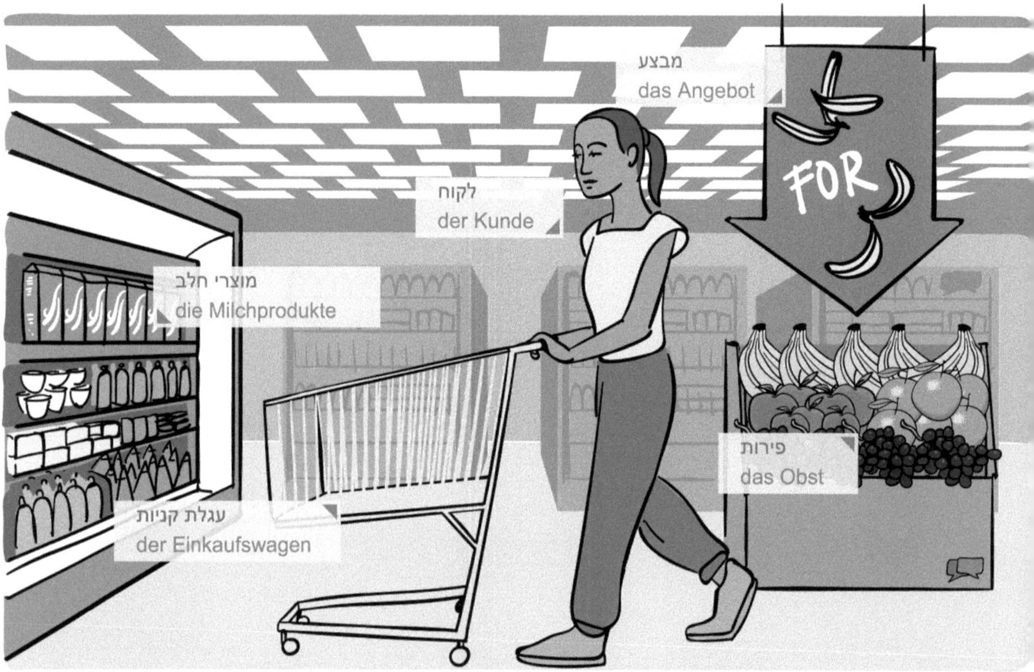

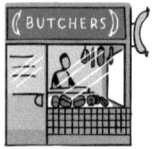

אטליז
die Schlachterei

BAKERY

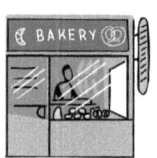

מאפייה
die Bäckerei

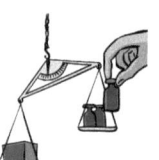

שקל
wiegen

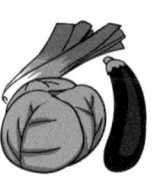

ירקות
das Gemüse

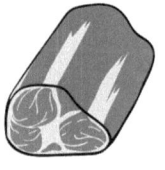

בשר
das Fleisch

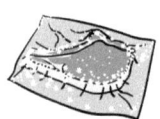

מזון קפוא
die Tiefkühlkost

בשר קר

der Aufschnitt

שימורים

die Konserven

אבקת כביסה

das Waschmittel

ממתקים

die Süßigkeiten

מוצרי בית

die Haushaltsartikel

חומר ניקוי

das Reinigungsmittel

מוכרת

die Verkäuferin

קופה

die Kasse

קופאי

der Kassierer

רשימת קניות

die Einkaufsliste

שעות פתיחה

die Öffnungszeiten

ארנק

die Brieftasche

כרטיס אשראי

die Kreditkarte

תיק

die Tasche

שקית ניילון

die Plastiktüte

מים

das Wasser

מיץ

der Saft

חלב

die Milch

קולה

die Cola

יין

der Wein

בירה

das Bier

אלכוהול

der Alkohol

קקאו

der Kakao

תה

der Tee

קפה

der Kaffee

אספרסו

der Espresso

קפוצ'ינו

der Cappuccino

בננה

die Banane

תפוח

der Apfel

תפוז

die Orange

אבטיח

die Melone

לימון

die Zitrone

גזר

die Karotte

שום

der Knoblauch

במבוק

der Bambus

בצל

die Zwiebel

פטריות

der Pilz

אגוזים

die Nüsse

אטריות

die Nudeln

ספגטי

die Spaghetti

אורז

der Reis

סלט

der Salat

צ'יפס

die Pommes frites

צ'יפס

die Bratkartoffeln

פיצה

die Pizza

המבורגר

der Hamburger

כריך

das Sandwich

שניצל

das Schnitzel

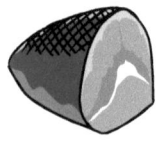

שינקין

der Schinken

סלאמי

die Salami

נקניקיה

die Wurst

עוף

das Huhn

טיגון

der Braten

דג

der Fisch

שיבולת שועל

die Haferflocken

מוזלי

das Müsli

קורנפלקס

die Cornflakes

קמח

das Mehl

קרואסון

das Croissant

לחמנייה

das Brötchen

לחם

das Brot

טוסט

der Toast

עוגיות

die Kekse

חמאה

die Butter

גבינה לבנה

der Quark

עוגה

der Kuchen

ביצה

das Ei

ביצת עין

das Spiegelei

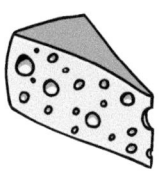

גבינה

der Käse

גלידה

die Eiscreme

סוכר

der Zucker

דבש

der Honig

ריבה

die Marmelade

ממרח נוגט

die Nougat-Creme

קארי

das Curry

חווה

der Bauernhof

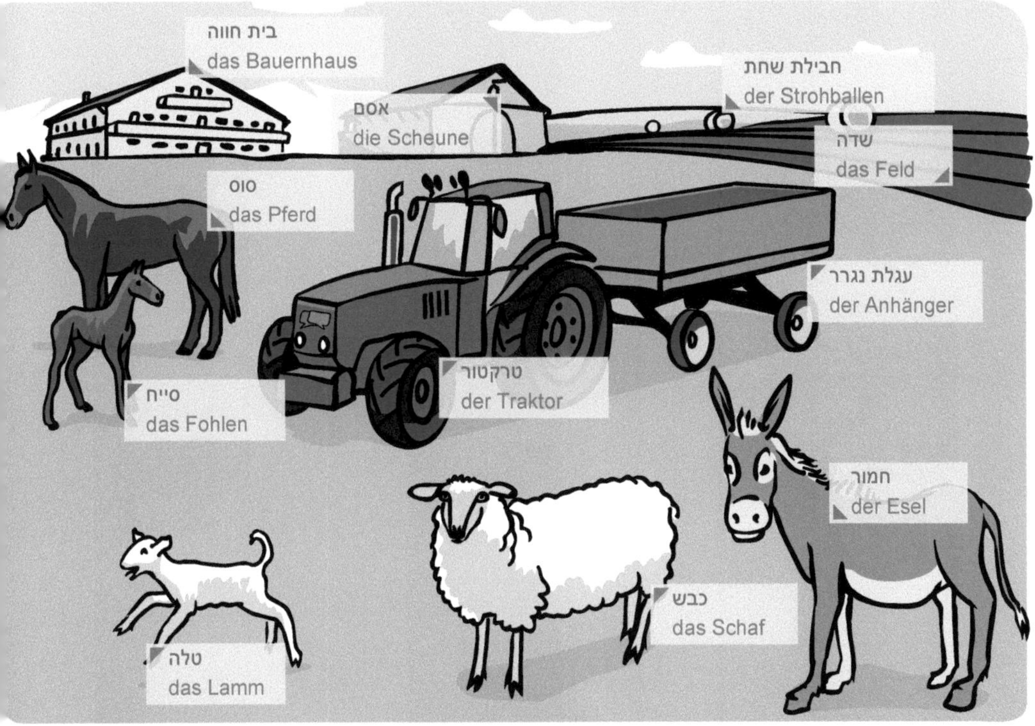

בית חווה
das Bauernhaus
אסם
die Scheune
חבילת שחת
der Strohballen
שדה
das Feld
סוס
das Pferd
עגלת נגרר
der Anhänger
טרקטור
der Traktor
סייח
das Fohlen
חמור
der Esel
כבש
das Schaf
טלה
das Lamm

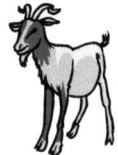

עז

die Ziege

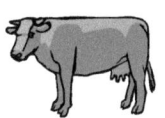

פרה

die Kuh

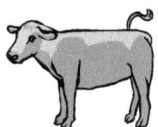

עגל

das Kalb

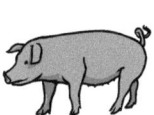

חזיר

das Schwein

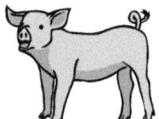

חזרזיר

das Ferkel

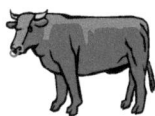

שור

der Bulle

אווז

die Gans

ברווז

die Ente

אפרוח

das Küken

תרנגולת

das Huhn

תרנגול

der Hahn

חולדה

die Ratte

חתול

die Katze

עכבר

die Maus

שור

der Ochse

כלב

der Hund

מלונה

die Hundehütte

צינור השקיה

der Gartenschlauch

קנקן מים

die Gießkanne

חרמש

die Sense

מחרשה

der Pflug

מגל

die Sichel

מגרפה

die Hacke

קלשון

die Mistgabel

גרזן

die Axt

מריצה

die Schubkarre

שוקת

der Trog

כד חלב

die Milchkanne

שק

der Sack

גדר

der Zaun

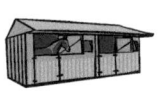

אורווה

der Stall

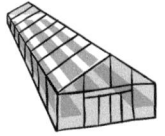

חממה

das Treibhaus

אדמה

der Boden

זרע

die Saat

דשן

der Dünger

מקצרה

der Mähdrescher

קצר

ernten

קציר

die Ernte

בטטה אפריקנית

die Yamswurzel

חיטה

der Weizen

סויה

das Soja

תפוח אדמה

die Kartoffel

תירס

der Mais

קנולה

der Raps

עץ פירות

der Obstbaum

קסבה

der Maniok

דגנים

das Getreide

בית

das Haus

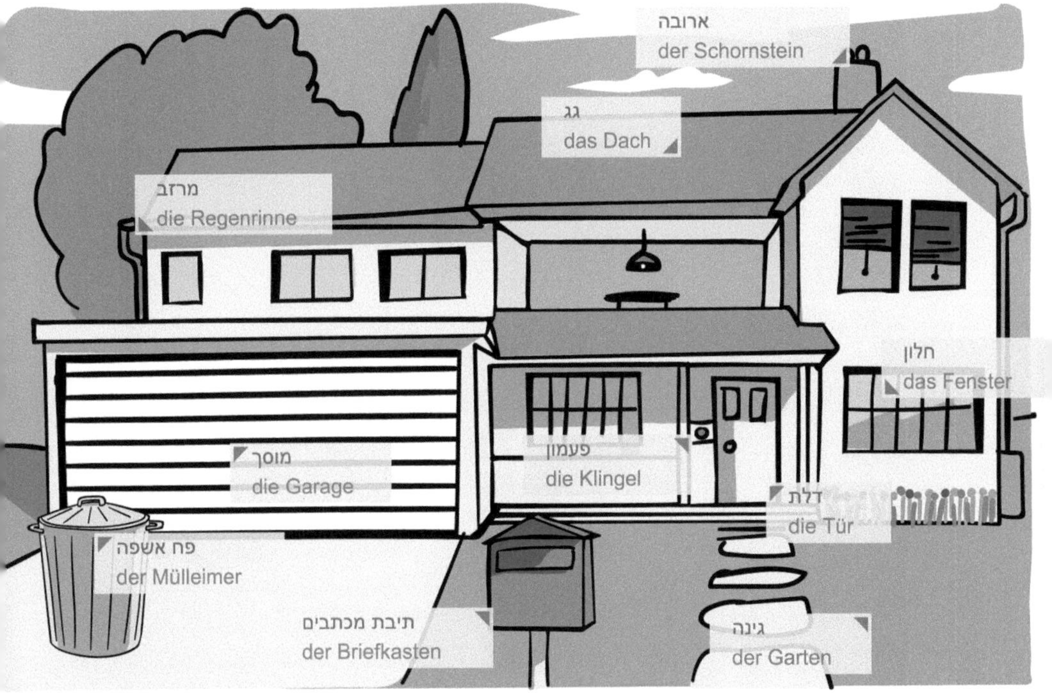
ארובה
der Schornstein
גג
das Dach
מרזב
die Regenrinne
חלון
das Fenster
מוסך
die Garage
פעמון
die Klingel
דלת
die Tür
פח אשפה
der Mülleimer
תיבת מכתבים
der Briefkasten
גינה
der Garten

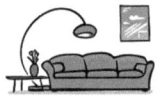

סלון
....
das Wohnzimmer

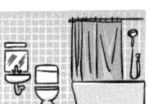

חדר אמבטיה
....
das Badezimmer

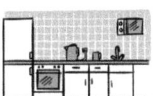

מטבח
....
die Küche

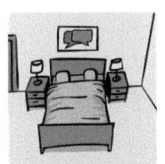

חדר שינה
....
das Schlafzimmer

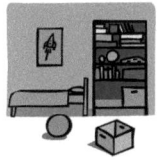

חדר ילדים
....
das Kinderzimmer

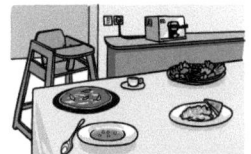

חדר אוכל
....
das Esszimmer

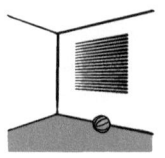

רצפה
der Boden

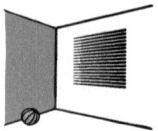

קיר
die Wand

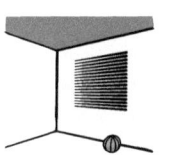

תקרה
die Decke

מרתף
der Keller

סאונה
die Sauna

מרפסת
der Balkon

מרפסת
die Terrasse

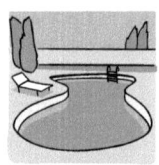

בריכה
das Schwimmbad

מכסחת דשא
der Rasenmäher

סדין
der Bettbezug

כיסוי מיטה
die Bettdecke

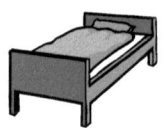

מיטה
das Bett

מטאטא
der Besen

דלי
der Eimer

מפסק
der Schalter

סלון
das Wohnzimmer

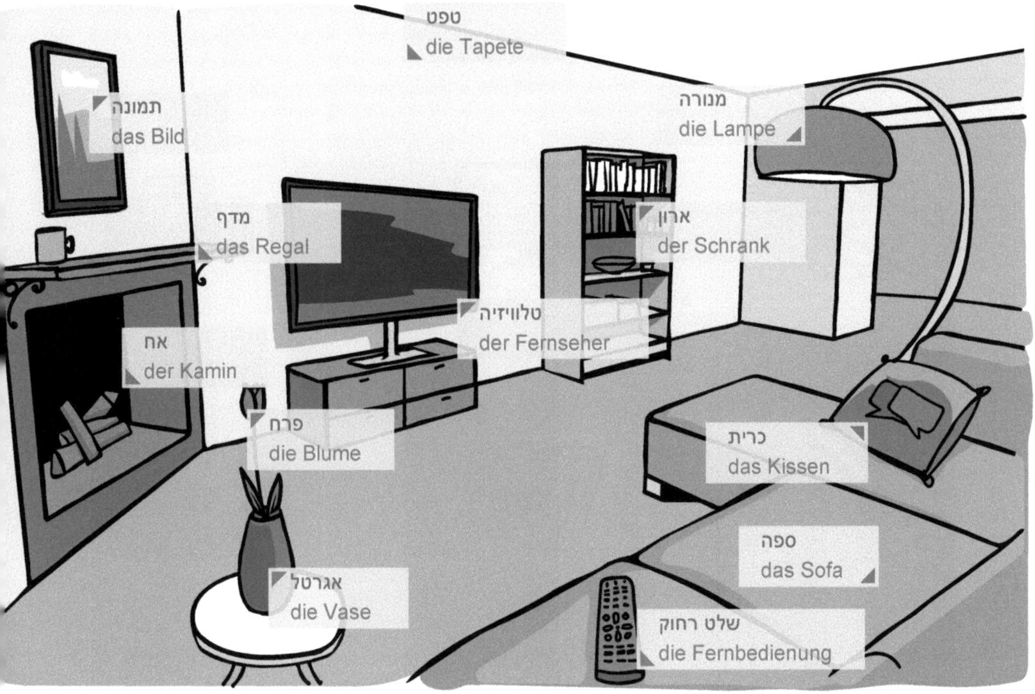
טפט
die Tapete
תמונה
das Bild
מנורה
die Lampe
מדף
das Regal
ארון
der Schrank
טלוויזיה
der Fernseher
אח
der Kamin
פרח
die Blume
כרית
das Kissen
ספה
das Sofa
אגרטל
die Vase
שלט רחוק
die Fernbedienung

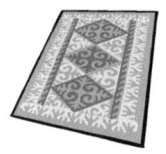

שטיח
der Teppich

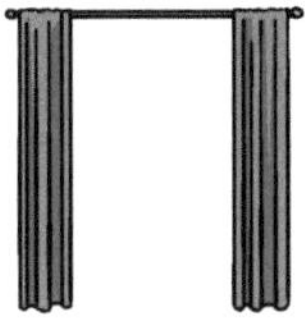

וילון
der Vorhang

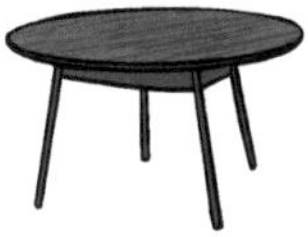

שולחן
der Tisch

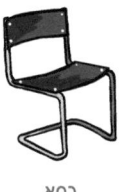

כסא
der Stuhl

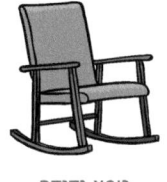

כיסא נדנדה
der Schaukelstuhl

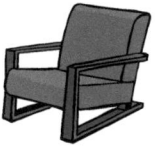

כורסה
der Sessel

ספר

das Buch

שמיכה

die Decke

דקורציה

die Dekoration

עצי הסקה

das Feuerholz

סרט

der Film

מערכת סטריאו

die Stereoanlage

מפתח

der Schlüssel

עיתון

die Zeitung

ציור

das Gemälde

פוסטר

das Poster

רדיו

das Radio

מחברת

der Notizblock

שואב אבק

der Staubsauger

קקטוס

der Kaktus

נר

die Kerze

מטבח
die Küche

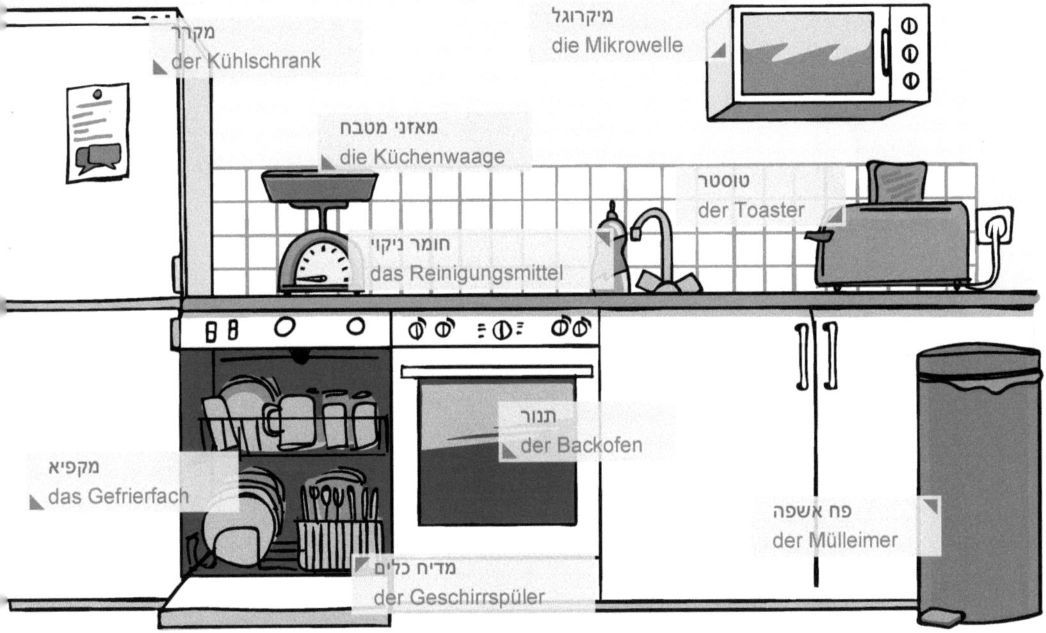

מקרר
der Kühlschrank
מיקרוגל
die Mikrowelle
מאזני מטבח
die Küchenwaage
טוסטר
der Toaster
חומר ניקוי
das Reinigungsmittel
תנור
der Backofen
מקפיא
das Gefrierfach
פח אשפה
der Mülleimer
מדיח כלים
der Geschirrspüler

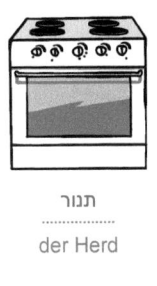

תנור
der Herd

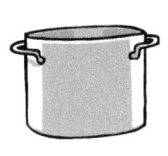

סיר
der Topf

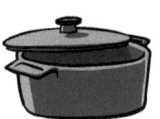

סיר ברזל
der Eisentopf

ווק
der Wok / Kadai

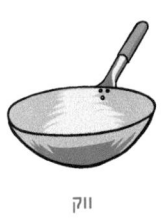

מחבת
die Pfanne

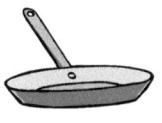

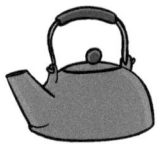

קומקום חשמלי
der Wasserkocher

מאדה

der Dampfgarer

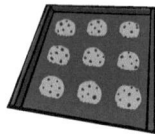

מגש אפייה

das Backblech

כלי אוכל

das Geschirr

ספל

der Becher

קערה

die Schale

צ'ופסטיקס

die Essstäbchen

מצקת

die Suppenkelle

מרית

der Pfannenwender

מטרפה

der Schneebesen

מסננת בישול

das Kochsieb

מסננת

das Sieb

מגרדת

die Reibe

מכתש

der Mörser

גריל

der Grill

מדורה

die Feuerstelle

קרש חיתוך
das Schneidebrett

מערוך
das Nudelholz

פותחן פקקים
der Korkenzieher

פחית
die Dose

פותחן קופסאות
der Dosenöffner

מטלית
der Topflappen

כיור
das Waschbecken

מברשת
die Bürste

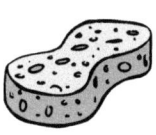

ספוג
der Schwamm

בלנדר
der Mixer

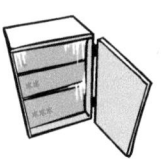

מקפיא
die Gefriertruhe

בקבוק לתינוק
die Babyflasche

ברז
der Wasserhahn

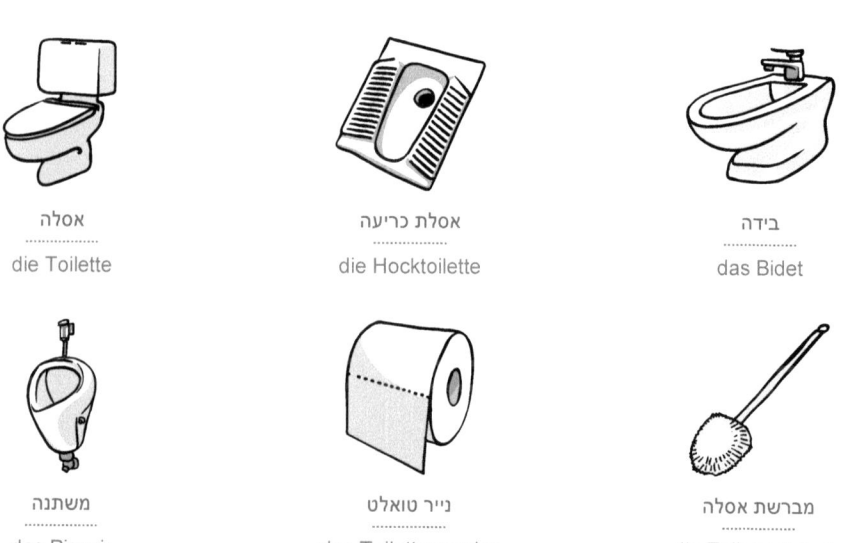

חדר אמבטיה
das Badezimmer

מקלחת
die Dusche
חימום
die Heizung
מגבת
das Handtuch
וילון מקלחת
der Duschvorhang
אמבטיית קצף
das Schaumbad
אמבטיה
die Badewanne
כוס
das Glas
מכונת כביסה
die Waschmaschine
ברז
der Wasserhahn
אריחים
die Fliesen
סיר לילה
das Töpfchen
כיור
das Waschbecken

אסלה
....
die Toilette

אסלת כריעה
....
die Hocktoilette

בידה
....
das Bidet

משתנה
....
das Pissoir

נייר טואלט
....
das Toilettenpapier

מברשת אסלה
....
die Toilettenbürste

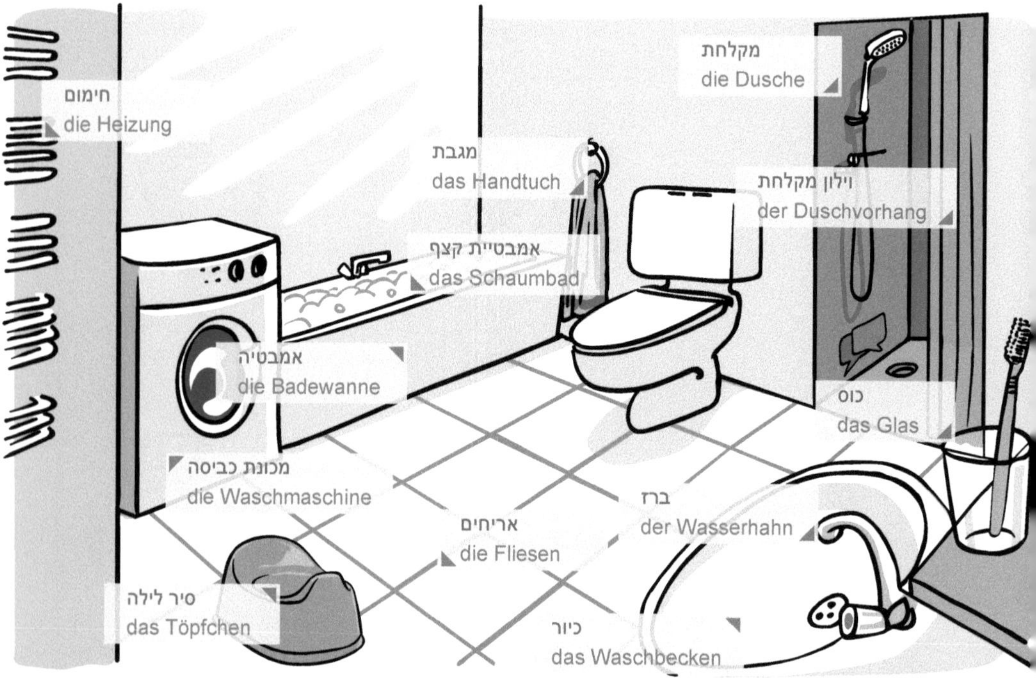

מברשת שיניים

die Zahnbürste

משחת שיניים

die Zahnpasta

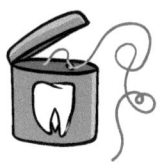

חוט דנטלי

die Zahnseide

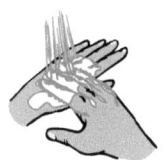

שטף

waschen

מקלחת יד

die Handbrause

צינור שטיפה לשירותים

die Intimdusche

קערת רחצה

die Waschschüssel

מברשת גב

die Rückenbürste

סבון

die Seife

ג'ל רחצה

das Duschgel

שמפו

das Shampoo

ליפה

der Waschlappen

ניקוז

der Abfluss

קרם

die Creme

דיאודורנט

das Deodorant

מראה

der Spiegel

מראת יד

der Kosmetikspiegel

סכין גילוח

der Rasierer

קצף גילוח

der Rasierschaum

אפטרשייב

das Rasierwasser

מסרק

der Kamm

מברשת

die Bürste

מייבש שיער

der Föhn

ספריי לשיער

das Haarspray

איפור

das Makeup

שפתון

der Lippenstift

לק

der Nagellack

צמר גפן

die Watte

מספריים לציפורניים

die Nagelschere

בושם

das Parfum

תיק כלי רחצה
der Kulturbeutel

שרפרף
der Hocker

משקל
die Waage

חלוק רחצה
der Bademantel

כפפות גומי
die Gummihandschuhe

טמפון
das Tampon

תחבושת סניטרית
die Damenbinde

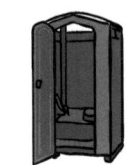

שירותים כימיקליים
die Chemietoilette

חדר ילדים
das Kinderzimmer

שעון מעורר
der Wecker
צעצוע חיבוק
das Kuscheltier
מכונית צעצוע
das Spielzeugauto
רעשן
die Rassel
בית בובות
das Puppenhaus
מתנה
das Geschenk

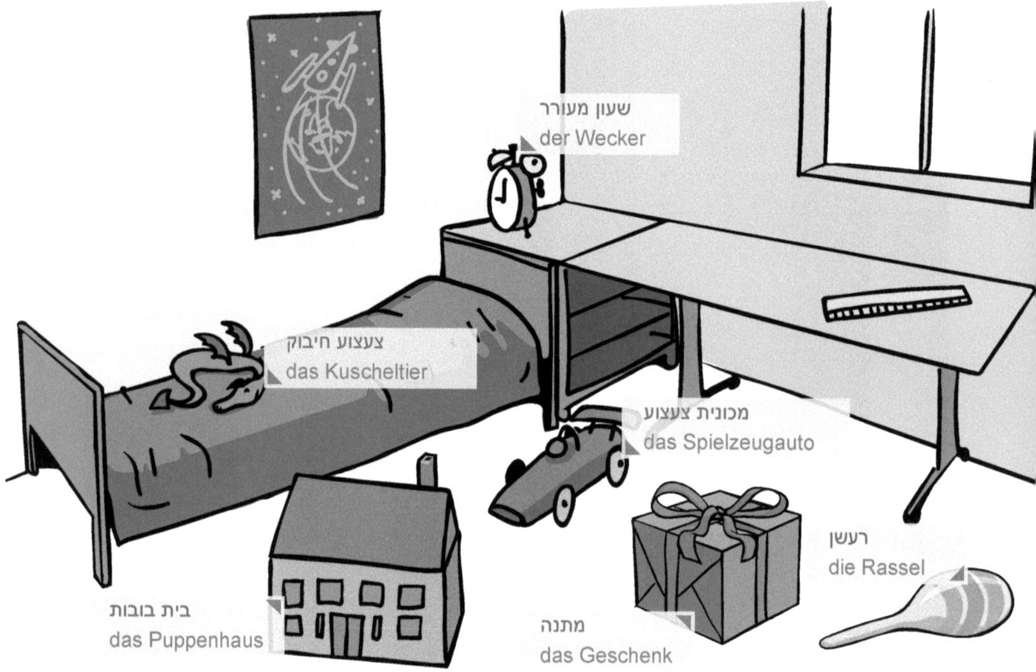

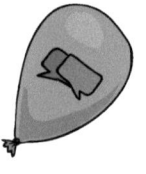

בלון

der Ballon

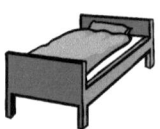

מיטה

das Bett

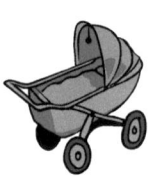

עגלה

der Kinderwagen

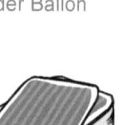

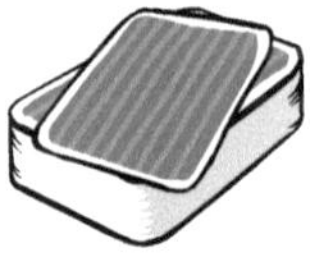

משחק קלפים

das Kartenspiel

פאזל

das Puzzle

SUPER MEGA

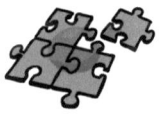

קומיקס

der Comic

לגו

die Legosteine

קוביות משחק

die Bausteine

דמות משחק

die Action Figur

סרבל תינוקות

der Strampelanzug

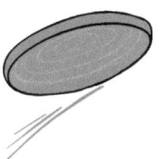

פריזבי

das Frisbee

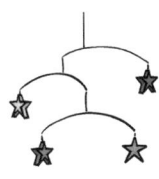

נייד

das Mobile

משחק לוח

das Brettspiel

קוביה

der Würfel

רכבת צעצוע

die Modelleisenbahn

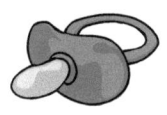

מוצץ

der Schnuller

מסיבה

die Party

אלבום תמונות

das Bilderbuch

כדור

der Ball

בובה

die Puppe

שיחק

spielen

ארגז חול

der Sandkasten

נדנדה

die Schaukel

צעצועים

das Spielzeug

קונסולת משחקים

die Spielkonsole

אופניים תלת גלגלי

das Dreirad

דובון

der Teddy

ארון בגדים

der Kleiderschrank

בגדים

die Kleidung

גרביים

die Socken

גרביונים

die Strümpfe

גרביון

die Strumpfhose

צעיף
der Schal

חגורה
der Gürtel

מטריה
der Regenschirm

חולצת טי
das T-Shirt

מגפיים
der Stiefel

נעלי בית
die Hausschuhe

נעלי ספורט
die Turnschuhe

סנדלים
die Sandalen

נעליים
die Schuhe

מגפי גומי
die Gummistiefel

תחתונים
die Unterhose

חזייה
der Büstenhalter

גופייה
das Unterhemd

גוף

der Body

מכנסיים

die Hose

ג'ינס

die Jeans

חצאית

der Rock

חולצה מכופתרת

die Bluse

חולצה

das Hemd

אפודה

der Pullover

סווצ'ר עם קפוצ'ון

der Kapuzenpullover

בלייזר

der Blazer

ז'קט

die Jacke

מעיל

der Mantel

מעיל גשם

der Regenmantel

תלבושת

das Kostüm

שמלה

das Kleid

שמלת כלה

das Hochzeitskleid

חליפה

der Anzug

כותונת לילה

das Nachthemd

פיג'מה

der Schlafanzug

סארי

der Sari

מטפחת ראש

das Kopftuch

טורבן

der Turban

בורקה

die Burka

קאפטן

der Kaftan

עבאיה

die Abaya

בגד ים

der Badeanzug

בגד ים

die Badehose

מכנסיים קצרים

die kurze Hose

בגד אימון

der Trainingsanzug

סינר

die Schürze

כפפות

die Handschuhe

כפתור

der Knopf

משקפיים

die Brille

צמיד יד

das Armband

שרשרת

die Halskette

טבעת

der Ring

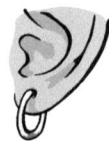

עגיל

der Ohrring

כובע

die Mütze

קולב

der Kleiderbügel

כובע

der Hut

עניבה

die Krawatte

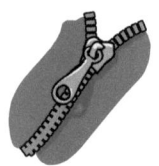

רוכסן

der Reißverschluss

קסדה

der Helm

כתפיות

der Hosenträger

תלבושת בית ספר

die Schuluniform

מדים

die Uniform

מפית אוכל

das Lätzchen

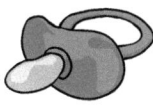

מוצץ

der Schnuller

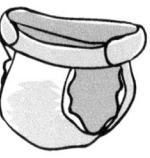

חיתול

die Windel

משרד

das Büro

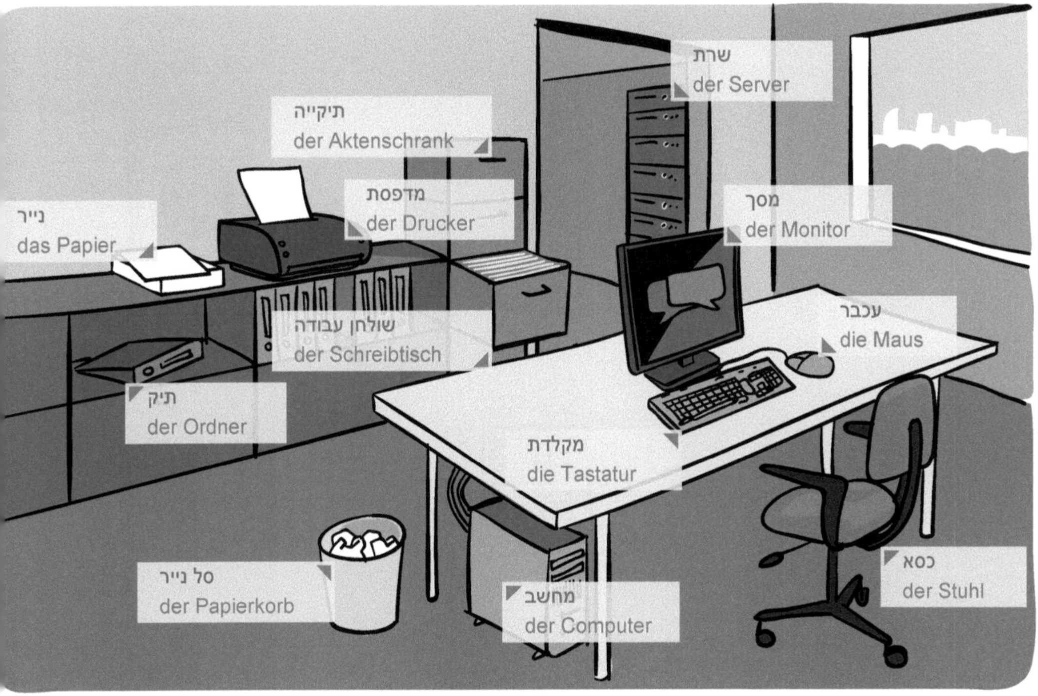

שרת
der Server

תיקייה
der Aktenschrank

מדפסת
der Drucker

נייר
das Papier

מסך
der Monitor

שולחן עבודה
der Schreibtisch

עכבר
die Maus

תיק
der Ordner

מקלדת
die Tastatur

סל נייר
der Papierkorb

כסא
der Stuhl

מחשב
der Computer

ספל קפה

der Kaffeebecher

מחשבון

der Taschenrechner

אינטרנט

das Internet

מחשב נייד

der Laptop

מכתב

der Brief

הודעה

die Nachricht

נייד

das Handy

רשת

das Netzwerk

מכונת צילום

der Kopierer

תוכנה

die Software

טלפון

das Telefon

שקע

die Steckdose

פקס

das Fax

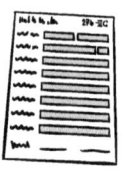

טופס

das Formular

מסמך

das Dokument

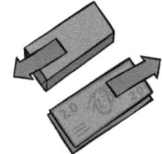

קנה

kaufen

שילם

bezahlen

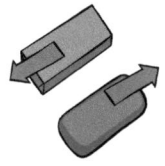

סחר

handeln

כסף

das Geld

דולר

der Dollar

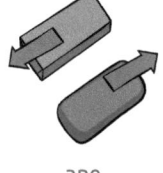 

יורו

der Euro

ין

der Yen

רובל

der Rubel

פרנק שווייצרי

der Franken

יואן רנמינבי

der Renminbi Yuan

רופי

die Rupie

כספומט

der Geldautomat

המרת מטבע
die Wechselstube

זהב
das Gold

כסף
das Silber

נפט
das Öl

אנרגיה
die Energie

מחיר
der Preis

חוזה
der Vertrag

מס
die Steuer

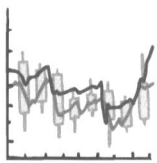

מנייה
die Aktie

עבד
arbeiten

עובד
der Angestellte

מעסיק
der Arbeitgeber

מפעל
die Fabrik

חנות
das Geschäft

מקצועות
die Berufe

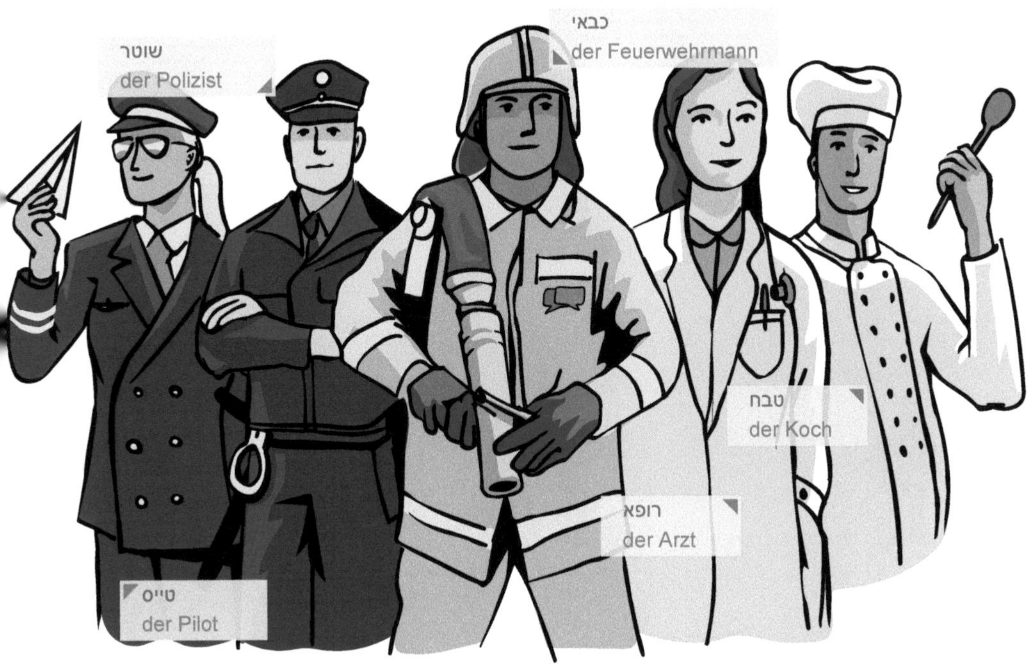
שוטר
der Polizist
כבאי
der Feuerwehrmann
טבח
der Koch
רופא
der Arzt
טייס
der Pilot

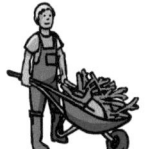

גנן
....
der Gärtner

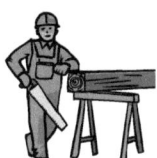

נגר
....
der Tischler

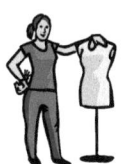

תופרת
....
die Näherin

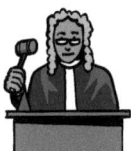

שופט
....
der Richter

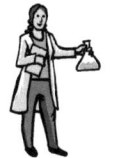

כימאי
....
der Chemiker

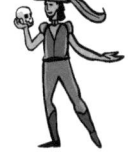

שחקן
....
der Schauspieler

נהג אוטובוס

der Busfahrer

נהג מונית

der Taxifahrer

דייג

der Fischer

עובדת נקיון

die Putzfrau

מתקן גגות

der Dachdecker

מלצר

der Kellner

צייד

der Jäger

צייר

der Maler

אופה

der Bäcker

חשמלאי

der Elektriker

עובד בניין

der Bauarbeiter

מהנדס

der Ingenieur

קצב

der Schlachter

אינסטלטור

der Klempner

דוור

der Postbote

חייל

der Soldat

אדריכל

der Architekt

קופאי

der Kassierer

מוכר פרחים

der Florist

ספר

der Friseur

כרטיסן

der Schaffner

מכונאי

der Mechaniker

קברניט

der Kapitän

רופא שיניים

der Zahnarzt

מדען

der Wissenschaftler

רב

der Rabbi

אימאם

der Imam

נזיר

der Mönch

כומר

der Geistliche

כלי עבודה
die Werkzeuge

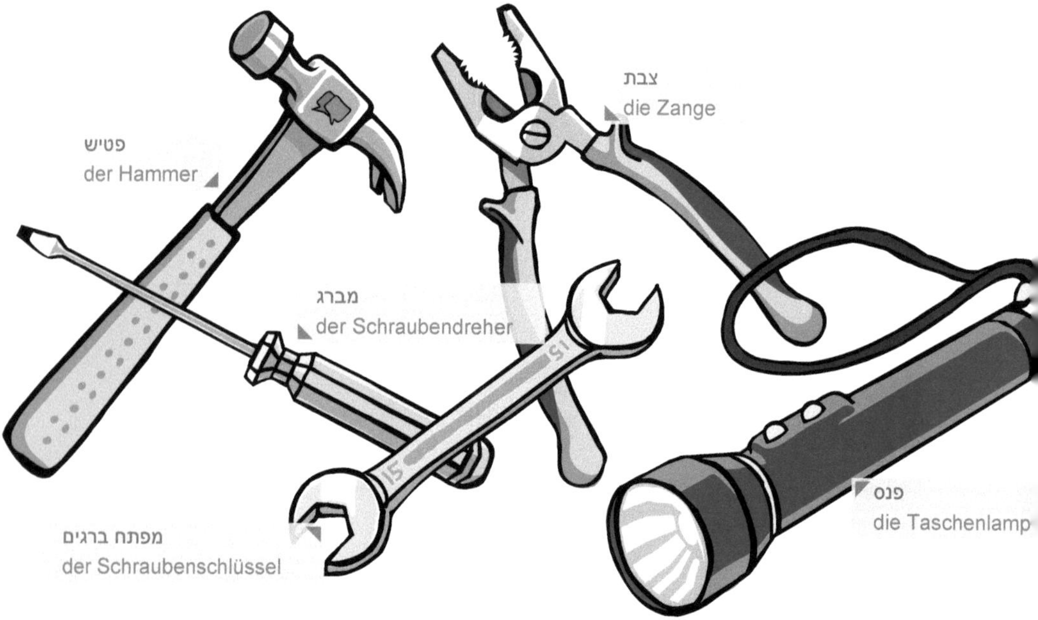

צבת
die Zange
פטיש
der Hammer
מברג
der Schraubendreher
מפתח ברגים
der Schraubenschlüssel
פנס
die Taschenlamp

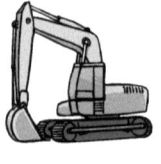

דחפור
....
der Bagger

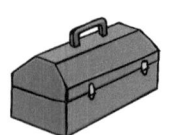

ארגז כלים
....
der Werkzeugkasten

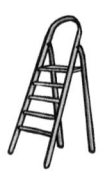

סולם
....
die Leiter

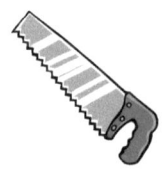

מסור
....
die Säge

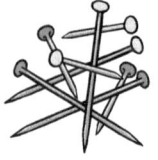

מסמרים
....
die Nägel

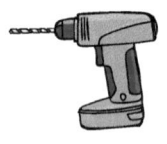

מקדחה
....
der Bohrer

תיקון

reparieren

את חפירה

die Schaufel

לעזאזל!

Mist!

יעה

das Kehrblech

פח צבע

der Farbtopf

ברגים

die Schrauben

כלי נגינה

die Musikinstrumente

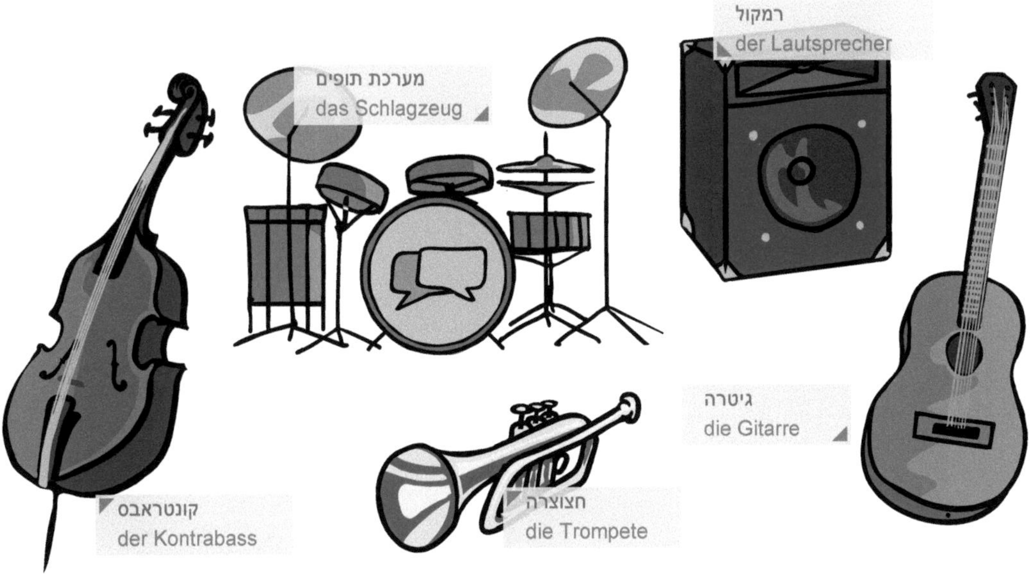

מערכת תופים
das Schlagzeug

רמקול
der Lautsprecher

גיטרה
die Gitarre

קונטראבס
der Kontrabass

חצוצרה
die Trompete

פסנתר

das Klavier

כינור

die Violine

בס

der Bass

תוף הדוד

die Pauke

תופים

die Trommeln

מקלדת פסנתר

das Keyboard

סקסופון

das Saxophon

חליל

die Flöte

מיקרופון

das Mikrofon

גן חיות
der Zoo

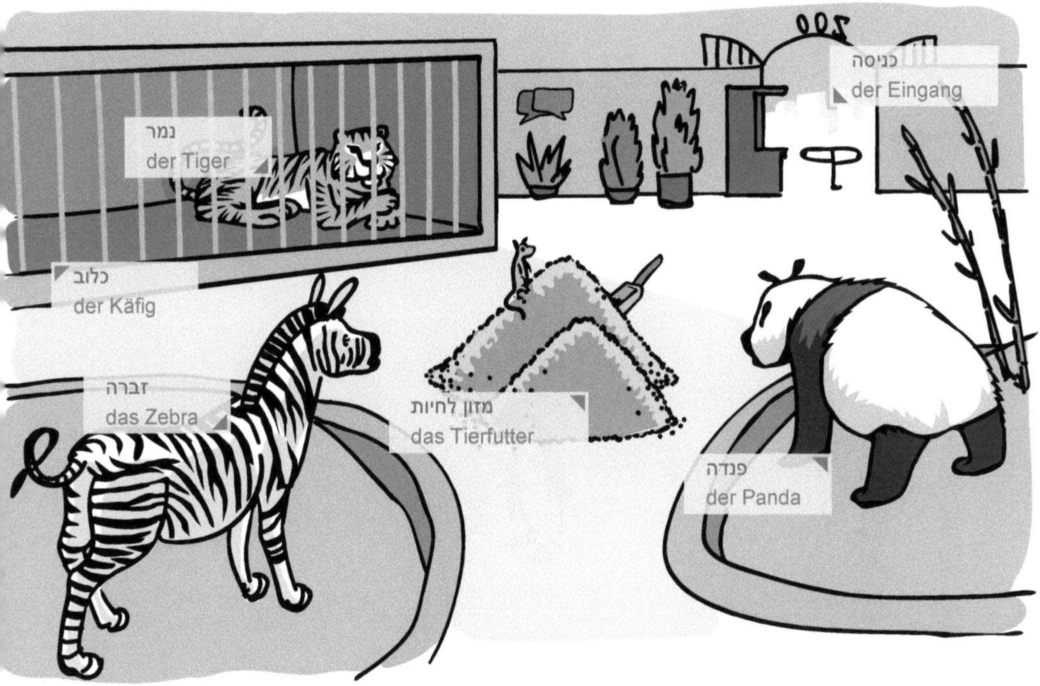
zoo
כניסה
der Eingang
נמר
der Tiger
כלוב
der Käfig
זברה
das Zebra
מזון לחיות
das Tierfutter
פנדה
der Panda

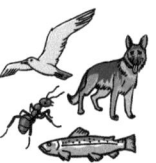

בעלי חיים
die Tiere

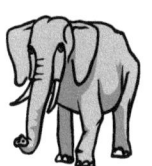

פיל
der Elefant

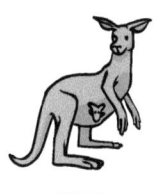

קנגרו
das Känguruh

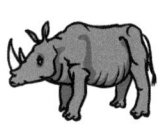

קרנף
das Nashorn

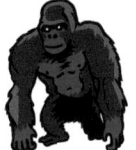

גורילה
der Gorilla

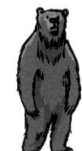

דוב
der Bär

גמל
das Kamel

יען
der Strauß

אריה
der Löwe

קוף
der Affe

פלמינגו
der Flamingo

תוכי
der Papagei

דוב הקרח
der Eisbär

פינגווין
der Pinguin

כריש
der Hai

טווס
der Pfau

נחש
die Schlange

תנין
das Krokodil

שומר גן החיות
der Zoowärter

כלב ים
die Robbe

יגואר
der Jaguar

סוס פוני

das Pony

לאופרד

der Leopard

היפופוטאם

das Nilpferd

ג'ירפה

die Giraffe

נשר

der Adler

חזיר בר

das Wildschwein

דג

der Fisch

צב

die Schildkröte

סוס ים

das Walross

שועל

der Fuchs

איילה

die Gazelle

פוטבול אמריקאי
das American Football

רכיבת אופניים
das Radfahren

טניס
das Tennis

כדורסל
der Basketball

שחיה
das Schwimmen

הוקי
das Eishockey

אגרוף
das Boxen

כדורגל
der Fußball

בדמינטון
das Badminton

אתלטיקה
die Leichtathletik

כדור-יד
der Handball

עשה סקי
das Skilaufen

פולו
das Polo

צחק lachen		
קפץ springen	חיבק umarmen	הלך gehen
שר singen		חלם träumen
התפלל beten	נשק küssen	

כתב schreiben	צייר zeichnen	הראה zeigen
דחף drücken	נתן geben	לקח nehmen

יש / להיות הבעלים

haben

עשה

tun

היה

sein

עמד

stehen

רץ

laufen

משך

ziehen

זרק

werfen

נפל

fallen

שכב

liegen

חיכה

warten

סחב

tragen

ישב

sitzen

התלבש

anziehen

ישן

schlafen

התעורר

aufwachen

הסתכל ב-

ansehen

בכה

weinen

ליטף

streicheln

סירק

kämmen

דיבר

reden

הבין

verstehen

שאל

fragen

שמע

hören

שתה

trinken

אכל

essen

סידר

aufräumen

אהב

lieben

בישל

kochen

נהג

fahren

עף

fliegen

שט

segeln

חישב

rechnen

קרא

lesen

למד

lernen

עבד

arbeiten

התחתן

heiraten

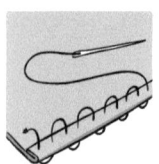

תפר

nähen

ציחצח שיניים

Zähne putzen

הרג

töten

עישן

rauchen

שלח

senden

משפחה
die Familie

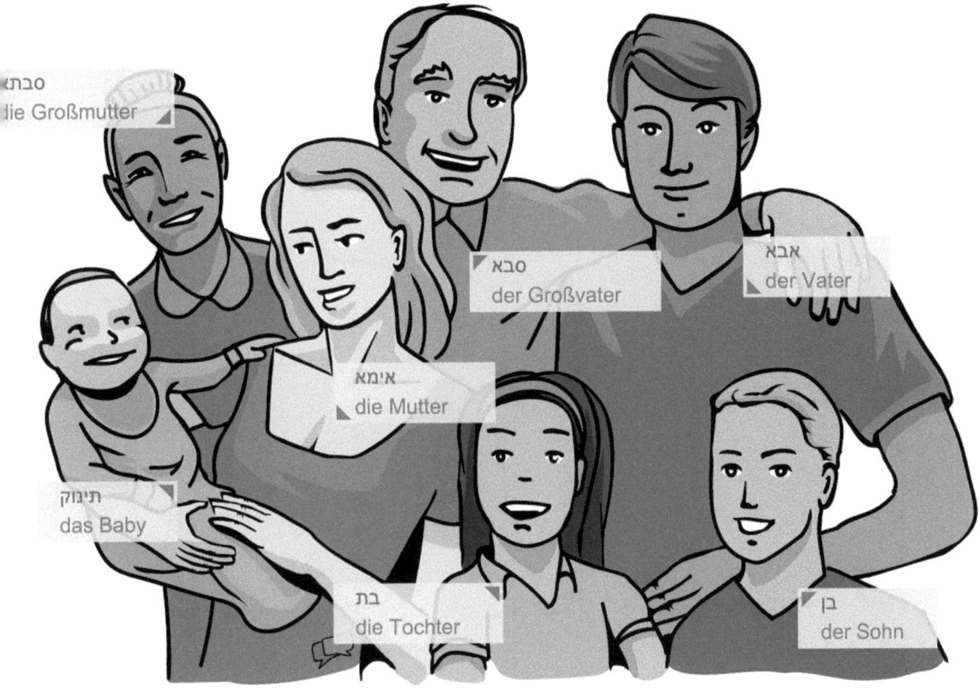

סבתא
die Großmutter
סבא
der Großvater
אבא
der Vater
אימא
die Mutter
תינוק
das Baby
בת
die Tochter
בן
der Sohn

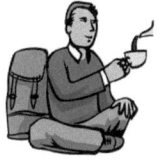

אורח
der Gast

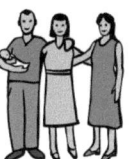

דודה
die Tante

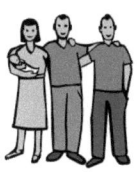

דוד
der Onkel

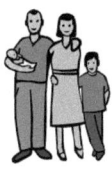

אח
der Bruder

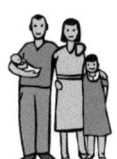

אחות
die Schwester

גוף
der Körper

מצח
die Stirn
עין
das Auge
כתף
die Schulter
אצבע
der Finger
פנים
das Gesicht
סנטר
das Kinn
כף יד
die Hand
רגל
das Bein
חזה
die Brust
זרוע
der Arm

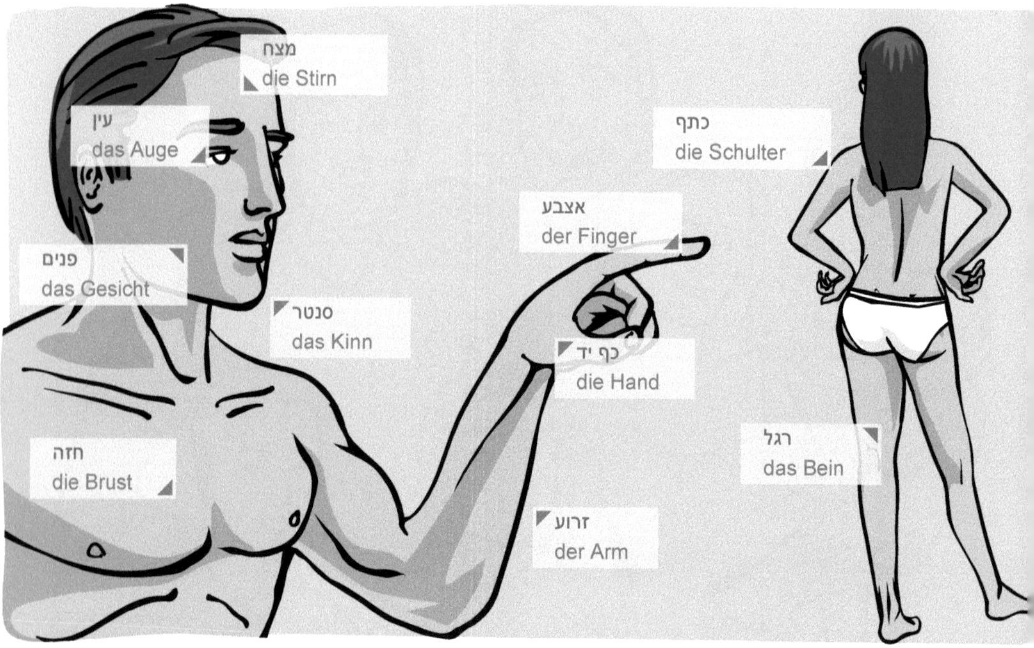

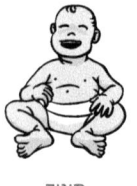

תינוק

das Baby

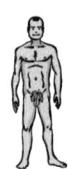

איש

der Mann

אישה

die Frau

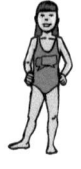

ילדה

das Mädchen

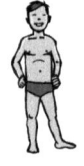

ילד

der Junge

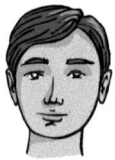

ראש

der Kopf

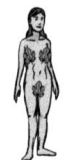

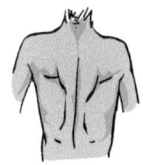

גב

der Rücken

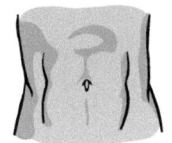

בטן

der Bauch

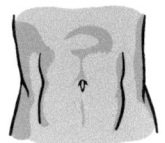

טבור

der Nabel

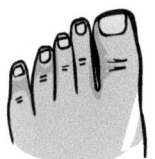

אצבע

der Zeh

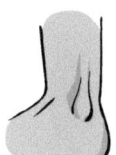

עקב

die Ferse

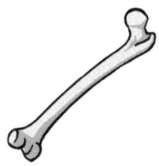

עצם

der Knochen

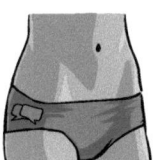

ירך

die Hüfte

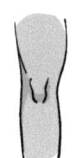

ברך

das Knie

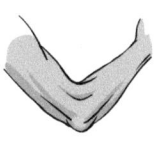

מרפק

der Ellenbogen

אף

die Nase

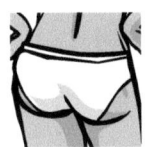

עכוז

das Gesäß

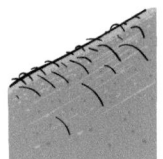

עור

die Haut

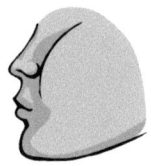

לחי

die Wange

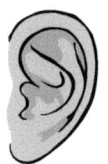

אוזן

das Ohr

שפתיים

die Lippe

גוף - der Körper

פה
der Mund

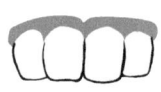

שן
der Zahn

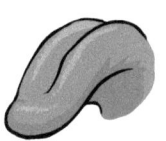

לשון
die Zunge

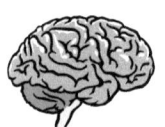

מוח
das Gehirn

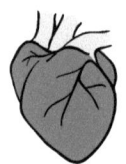

לב
das Herz

שריר
der Muskel

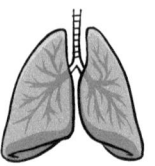

ריאה
die Lunge

כבד
die Leber

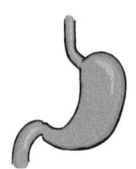

קיבה
der Magen

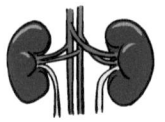

כליות
die Nieren

מין
der Geschlechtsverkehr

קונדום
das Kondom

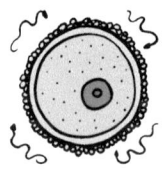

ביצית
die Eizelle

זרע
das Sperma

הריון
die Schwangerschaft

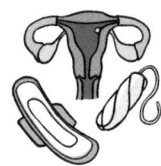

ווסת
....
die Menstruation

נרתיק
....
die Vagina

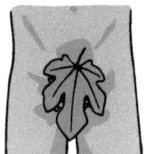

פין
....
der Penis

גבה
....
die Augenbraue

שיער
....
das Haar

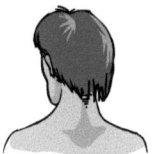

צוואר
....
der Hals

בית חולים
das Krankenhaus

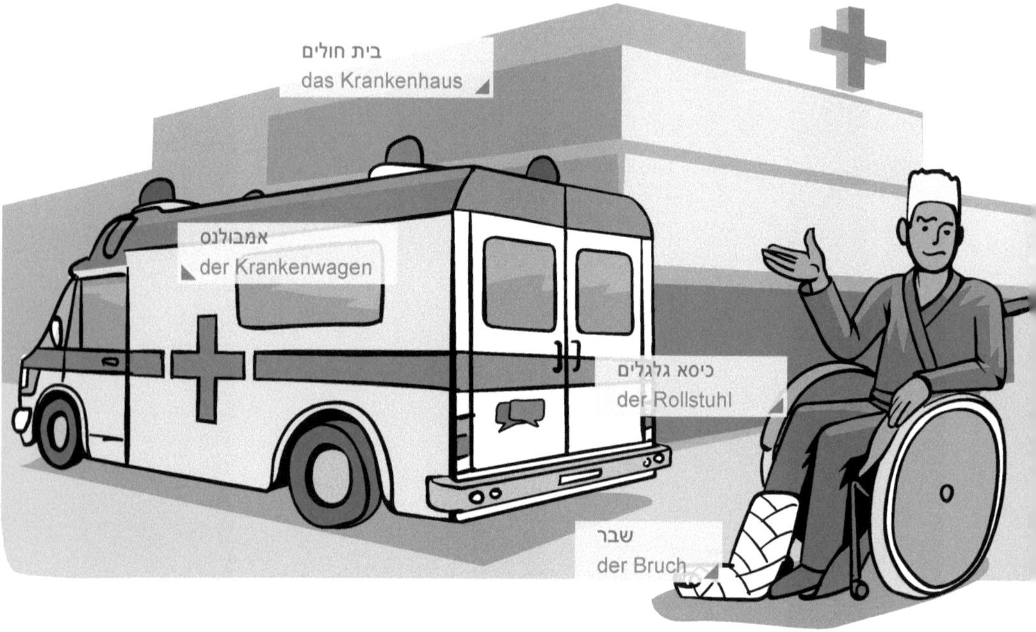

בית חולים
das Krankenhaus
אמבולנס
der Krankenwagen
כיסא גלגלים
der Rollstuhl
שבר
der Bruch

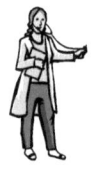

רופא

der Arzt

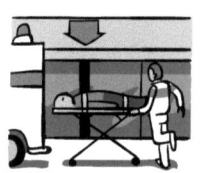

חדר מיון

die Notaufnahme

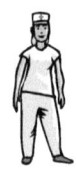

אחות

die Krankenschwester

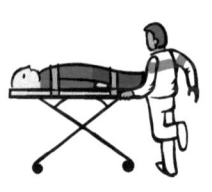

חירום

der Notfall

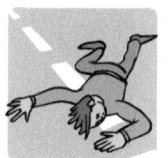

חסר הכרה

ohnmächtig

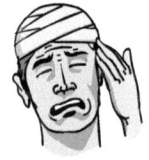

כאב

der Schmerz

פציעה

die Verletzung

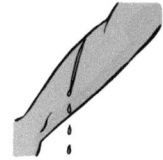

דימום

die Blutung

התקף לב

der Herzinfarkt

שבץ

der Schlaganfall

אלרגיה

die Allergie

שיעול

der Husten

חום

das Fieber

שפעת

die Grippe

שלשול

der Durchfall

כאב ראש

die Kopfschmerzen

סרטן

der Krebs

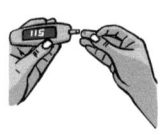

סוכרת

die Diabetis

מנתח

der Chirurg

אזמל

das Skalpell

ניתוח

die Operation

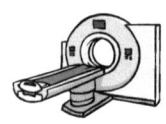

סי-טי

das CT

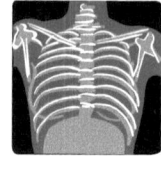

רנטגן

das Röntgen

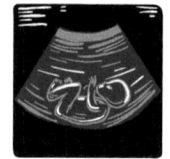

אולטרסאונד

das Ultraschall

מסיכת פנים

die Maske

מחלה

die Krankheit

חדר המתנה

das Wartezimmer

קבה

die Krücke

פלסטר

das Pflaster

תחבושת

der Verband

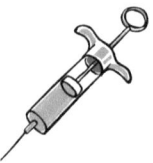

זריקה

die Injektion

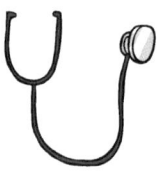

סטטוסקופ

das Stethoskop

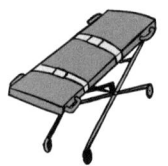

אלונקה

die Trage

מד חום

das Thermometer

לידה

die Geburt

עודף משקל

das Übergewicht

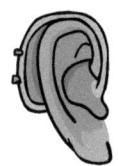

מכשיר שמיעה

das Hörgerät

מחטא

das Desinfektionsmittel

זיהום

die Infektion

נגיף

das Virus

איידס

das HIV / AIDS

תרופה

die Medizin

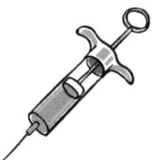

חיסון

die Impfung

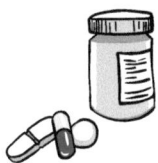

טבליות

die Tabletten

גלולה

die Pille

קריאת חירום

der Notruf

מד לחץ דם

das Blutdruck-Messgerät

חולה / בריא

krank / gesund

אזעקה

der Alarm

פשיטה

der Überfall

תקיפה

der Angriff

סכנה

die Gefahr

יציאת חירום

der Notausgang

הצילו!

Hilfe!

אש!

Feuer!

מטף כיבוי

der Feuerlöscher

תאונה

der Unfall

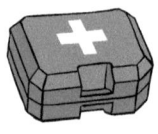

ערכת עזרה ראשונה

der Erste-Hilfe-Koffer

הצילו!

SOS

משטרה

die Polizei

אירופה
das Europa

צפון אמריקה
das Nordamerika

דרום אמריקה
das Südamerika

אפריקה
das Afrika

אסיה
das Asien

אוסטרליה
das Australien

האוקיינוס האטלנטי
der Atlantik

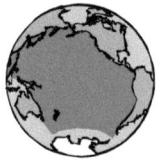

האוקיינוס השקט
der Pazifik

האוקיינוס ההודי
der Indische Ozean

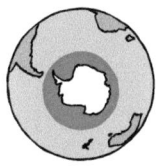

האוקיינוס האנטרקטי
der Antarktische Ozean

האוקיינוס הארקטי
der Arktische Ozean

הקוטב הצפוני
der Nordpol

הקוטב הדרומי

der Südpol

אנטארקטיקה

die Antarktis

כדור הארץ

die Erde

אדמה

das Land

ים

das Meer

אי

die Insel

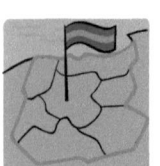

לאום

die Nation

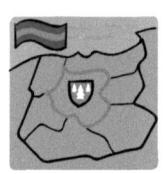

מדינה

der Staat

פני השעון

das Zifferblatt

מחוג השעות

der Stundenzeiger

מחוג הדקות

der Minutenzeiger

מחוג השניות

der Sekundenzeiger

מה השעה?

Wie spät ist es?

יום

der Tag

זמן

die Zeit

עכשיו

jetzt

שעון דיגיטלי

die Digitaluhr

דקה

die Minute

שעה

die Stunde

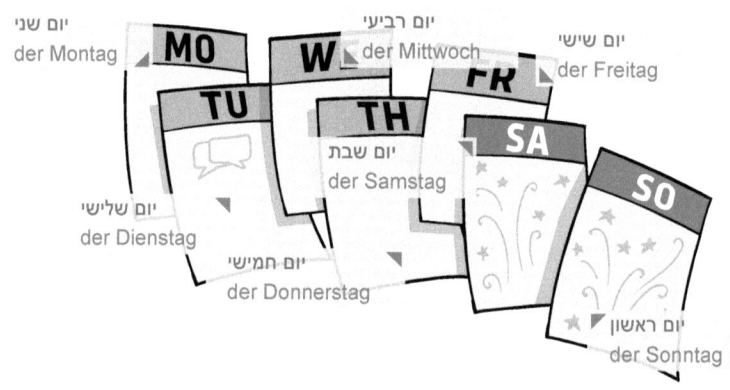

יום שני
der Montag

יום רביעי
der Mittwoch

יום שישי
der Freitag

יום שלישי
der Dienstag

יום שבת
der Samstag

יום חמישי
der Donnerstag

יום ראשון
der Sonntag

אתמול

gestern

היום

heute

מחר

morgen

בוקר

der Morgen

צהריים

der Mittag

ערב

der Abend

MO	TU	WE	TH	FR	SA	SU
1	2	3	4	5	6	7
8	9	10	11	12	13	14
15	16	17	18	19	20	21
22	23	24	25	26	27	28
29	30	31	1	2	3	4

ימי עבודה

die Arbeitstage

MO	TU	WE	TH	FR	SA	SU
1	2	3	4	5	6	7
8	9	10	11	12	13	14
15	16	17	18	19	20	21
22	23	24	25	26	27	28
29	30	31	1	2	3	4

סוף שבוע

das Wochenende

שנה

das Jahr

קשת בענן
der Regenbogen
גשם
der Regen
שלג
der Schnee
רוח
der Wind
אביב
der Frühling
סתיו
der Herbst
קיץ
der Sommer
חורף
der Winter

4.APRIL 11°
5.APRIL 4°
6.APRIL 13°
7.APRIL 8°
8.APRIL 10°

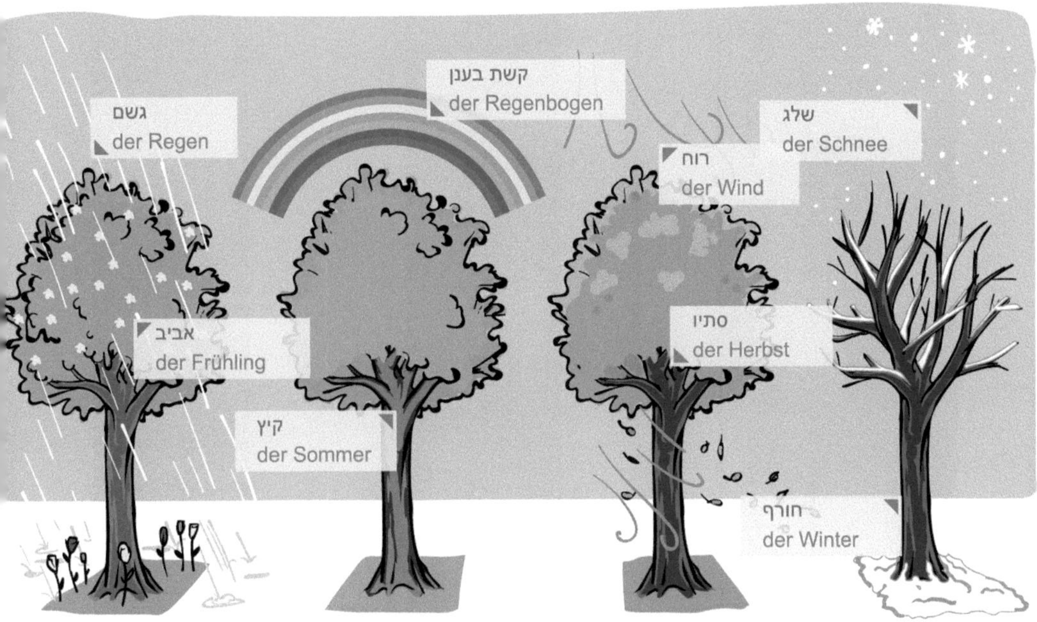

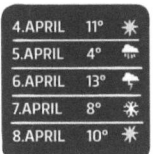

תחזית מזג האוויר

die Wettervorhersage

F C
120 40
90 30
60 20
30 10
0 0
-30 -10
-20

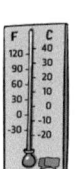

מד חום

das Thermometer

אור שמש

der Sonnenschein

ענן

die Wolke

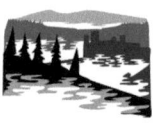

ערפל

der Nebel

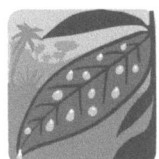

לחות

die Luftfeuchtigkeit

ברק
der Blitz

רעם
der Donner

סערה
der Sturm

ברד
der Hagel

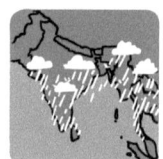

רוח עונתי
der Monsun

שיטפון
die Flut

קרח
das Eis

ינואר
der Januar

פברואר
der Februar

מרץ
der März

אפריל
der April

מאי
der Mai

יוני
der Juni

יולי
der Juli

אוגוסט
der August

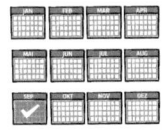

ספטמבר

der September

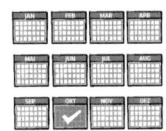

אוקטובר

der Oktober

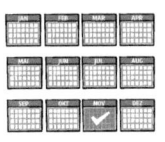

נובמבר

der November

דצמבר

der Dezember

צורות
die Formen

עיגול

der Kreis

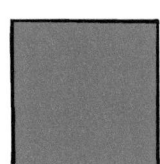

מרובע

das Quadrat

מלבן

das Rechteck

משולש

das Dreieck

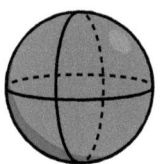

כדור

die Kugel

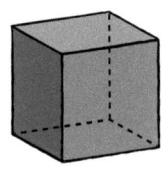

קובייה

der Würfel

לבן

weiß

צהוב

gelb

כתום

orange

ורוד

pink

אדום

rot

סגול

lila

כחול

blau

ירוק

grün

חום

braun

אפור

grau

שחור

schwarz

הרבה / מעט

viel / wenig

כועס / רגוע

wütend / friedlich

יפה / מכוער

hübsch / hässlich

התחלה / סוף

der Anfang / das Ende

גדול / קטן

groß / klein

בהיר / כהה

hell / dunkel

אח / אחות

der Bruder / die Schwester

נקי / מלוכלך

sauber / schmutzig

שלם / חלקי

vollständig / unvollständig

יום /לילה

der Tag / die Nacht

מת / חי

tot / lebendig

רחב / צר

breit / schmal

אכיל / לא אכיל

genießbar / ungenießbar

עשר / טוב לב

böse / freundlich

מתרגש / משועמם

aufgeregt / gelangweilt

שמן / רזה

dick / dünn

ראשון / אחרון

zuerst / zuletzt

חבר / אויב

der Freund / der Feind

מלא / ריק

voll / leer

קשה / רך

hart / weich

כבד / קל

schwer / leicht

רעב / צמא

der Hunger / der Durst

חולה / בריא

krank / gesund

בלתי-חוקי / חוקי

illegal / legal

נבון / טיפש

intelligent / dumm

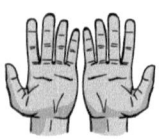

שמאל / ימין

links / rechts

קרוב / רחוק

nah / fern

חדש / משומש

neu / gebraucht

כלום / משהו

nichts / etwas

זקן / צעיר

alt / jung

פעיל / כבוי

an / aus

פתוח / סגור

offen / geschlossen

שקט / רועש

leise / laut

עשיר / עני

reich / arm

נכון / שגוי

richtig / falsch

מחוספס / חלק

rau / glatt

עצוב / שמח

traurig / glücklich

קצר / ארוך

kurz / lang

איטי / מהיר

langsam / schnell

רטוב / יבש

nass / trocken

חם / קר

warm / kühl

מלחמה / שלום

der Krieg / der Frieden

0	**1**	**2**
אפס	אחת	שתיים
null	eins	zwei

3	**4**	**5**
שלוש	ארבע	חמש
drei	vier	fünf

6	**7**	**8**
שש	שבע	שמונה
sechs	sieben	acht

9	**10**	**11**
תשע	עשר	אחת-עשרה
neun	zehn	elf

12

שתים-עשרה

zwölf

13

שלוש-עשרה

dreizehn

14

ארבע-עשרה

vierzehn

15

חמש-עשרה

fünfzehn

16

שש-עשרה

sechzehn

17

שבע-עשרה

siebzehn

18

שמונה-עשרה

achtzehn

19

תשע-עשרה

neunzehn

20

עשרים

zwanzig

100

מאה

hundert

1.000

אלף

tausend

1.000.000

מיליון

million

אנגלית

Englisch

אנגלית אמריקאית

Amerikanisches Englisch

סינית מנדרינית

Chinesisch Mandarin

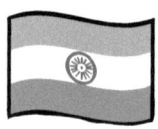

הודית

Hindi

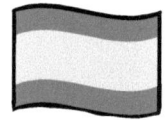

ספרדית

Spanisch

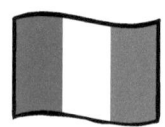

צרפתית

Französisch

ערבית

Arabisch

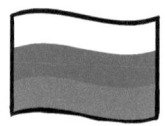

רוסית

Russisch

פורטוגזית

Portugiesisch

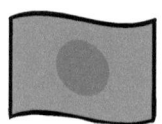

בנגלית

Bengalisch

גרמנית

Deutsch

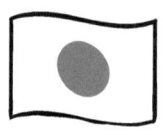

יפנית

Japanisch

אני

ich

אתה / את

du

הוא / היא / זה

er / sie / es

אנחנו

wir

אתם

ihr

הם

sie

מי?

wer?

מה?

was?

איך?

wie?

איפה?

wo?

מתי?

wann?

שם

Name

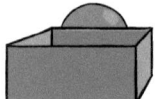

מאחור

hinter

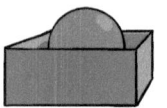

בתוך

in

לפני

vor

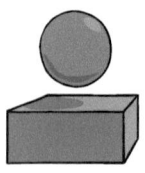

מעל

über

על

auf

מתחת

unter

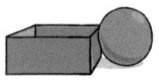

ליד

neben

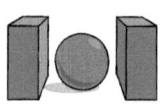

בין

zwischen

מקום

der Ort